HORMIGAS

BIBLIOTECA DEL DESCUBRIMIENTO DE INSECTOS

Jason Cooper

Rourke
Educational Media
rourkeeducationalmedia.com

www.rourkeeducationalmedia.com

PHOTO CREDITS: Cover, p. 4, 10 (large), 15 © James H. Carmichael; title page, p. 9, 10 (inset), 13, 16 (both), 21, 22 © Alex Wild; p. 7, 8, 18 © Lynn M. Stone

Translator: Anita Constantino

Title page: Hormigas anaranjadas atacan una hormiga negra cuando invaden un nido.

Cooper, Jason
Hormigas / Jason Cooper
ISBN 978-1-59515-694-1 (softcover - Spanish)
ISBN 978-1-60694-218-5 (e-Book - Spanish)
ISBN 978-1-59515-424-8 (hardcover - English)
ISBN 978-1-59515-738-6 (softcover - English)
ISBN 978-1-60472-043-3 (Lap Book - English)
ISBN 978-1-60472-092-1 (e-Book - English)

Printed in China, FOFO I - Production Company
Shenzhen, Guangdong Province

Rourke Educational Media

rourkeeducationalmedia.com

customerservice@rourkeeducationalmedia.com • PO Box 643328 Vero Beach, Florida 32964

CONTENIDO

Hormigas

La próxima vez que veas una hormiga, examínala con detalle. Todas las hormigas tienen seis patas, que significa que son **insectos**.

Hay más de 8,000 clases de hormigas. Muchas son muy pequeñas. Las hormigas más grandes miden solo 1 pulgada (2.5 centímetros) de largo. ¿Mide eso casi lo mismo que tu dedo pulgar?

Una hormiga segadora muestra sus mandíbulas que usa para morder.

Las hormigas viven juntas en **colonias**. Cada hormiga en una colonia tiene su propio trabajo. Las hormigas obreras recolectan comida y a menudo comparten tareas.

Las hormigas viven y trabajan juntas en colonias.

Los primos más cercanos de las hormigas son las avispas y las abejas. Ellas también viven en colonias. Muchas hormigas tienen un **aguijón**. El aguijón de una hormiga está en el extremo trasero de su cuerpo. Las avispas y las abejas también tienen un aguijón.

El aguijon de la hormiga te puede causar mucho dolor.

Las abejas y las avispas son parientes de las hormigas.

Las hormigas tejedoran hacen sus nidos en las hojas.

Donde Viven las Hormigas

Se pueden encontrar hormigas en cualquier lugar donde hay tierra seca. Las hormigas viven debajo de la tierra o en montículos de tierra. También pueden vivir debajo de la corteza de árboles. Algunas clases de hormigas viven en áticos.

Casi todas las hormigas son negras o de color marrón.

Siendo una Hormiga

Las hormigas son pequeñas, pero son fuertes. ¡Una hormiga puede levantar el peso de quizás 30 otras hormigas! ¿Puedes levantar 30 de tus compañeros?

Una hormiga obrera mueve a su reina.

Las hormigas tienen una vida asombrosa. Algunas clases protegen a otros insectos como los **áfidos**. Los áfidos hacen comida para las hormigas.

Esta hormiga defoliadora levanta una hoja que ha cortado. En la hoja están varias hormigas obreras.

Una hormiga bebe una gota de miel de un áfido.

Comida de Hormigas

Algunas clases de hormigas atacan a otros animales para obtener su comida. Diferentes clases de hormigas comen diferentes comidas. Hormigas de ejército comen insectos. Algunas hormigas comen semillas o migajas de comida. Otras comen animales muertos o **miel** de áfidos.

Los áfidos hacen miel para las hormigas.

Muchos animales comen hormigas. A los lagartos les gusta comer hormigas. ¿Qué crees que les gusta comer a los osos hormigueros?

Supiste tú?

Muchas hormigas se quedan cerca o adentro de sus nidos.

Este lagarto cornudo ha encontrado una colonia de hormigas.

Hormigas Pequeñas

La hormiga reina es la única que deposita huevos. Los bebés que nacen parecen gusanos. Se les llama **larva**.

Al pasar un tiempo las larvas cambian a otra etapa de vida. Ésta se llama la **pupa**. La pupa se convierte en la hormiga adulta.

Esta hormiga mueve muy delicadamente una larva en el nido.

Supiste tú?

Las hormigas de fuego de América del Sur, que están en la parte sur de los Estados Unidos, comen cosechas y animales pequeños. Sus mordidas matan a animales pequeños y pueden herir a los humanos.

GLOSARIO

áfidos (A fih doz) — pequeños insectos que comen plantas

colonias (koh LOH niaz) — grupos de insectos que viven y trabajan juntos

miel (MIEL) — un líquido dulce hecho por algunos insectos, como los áfidos

insectos (in SEK toz) — animales pequeños con seis patas que no tienen huesos

larva (LAR vah) — una etapa en la vida de un insecto antes de que se convierte en un adulto

pupa (PUH pah) — la última etapa de vida para algunos insectos antes de que se convierte en un adulto

aguijón (ah geeh HON) — un órgano pequeño pero alfilado que causa un picada

Estas hormigas de fuego bullen sobre un saltamontes muerto.

ÍNDICE

Lecturas adicionales

Gomel, Luc. *Face-to-Face with the Ant*. Charlesbridge, 2001
Hodge, Deborah. *Ants*. Kids Can Press, 2004

Páginas en el internet

www.worldalmanacforkids.com/explore/animals/ant.html
www.zoomschool.com/subjects/insects/ant/

Acerca del Autor

Jason Cooper ha escrito muchos libros infantiles para Rourke Publishing sobre una variedad de temas. Cooper viaja a menudo para recolectar información para sus libros.